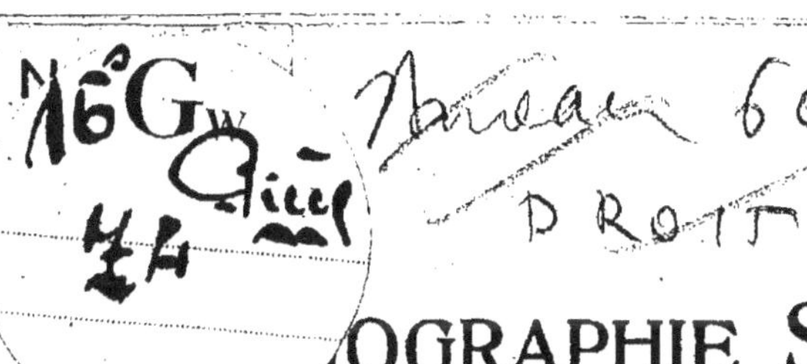

[BIBLI]OGRAPHIE SOMMAIRE

DES

OUVRAGES PUBLIÉS

SUR LA

SOCIÉTÉ DES NATIONS

———

Tirage à part
de l'Annuaire de la Société des Nations
Edition 1929

———

EDITIONS DE L'ANNUAIRE
DE LA SOCIÉTÉ DES NATIONS S. A.
1, rue de la Monnaie
GENÈVE

BIBLIOGRAPHIE SOMMAIRE

DES

OUVRAGES PUBLIÉS

SUR LA

SOCIÉTÉ DES NATIONS

Tirage à part
de l'Annuaire de la Société des Nations
Édition 1929

Éditions de l'Annuaire
de la Société des Nations S. A.
1, rue de la Morge
Genève

BIBLIOGRAPHIE SOMMAIRE DES OUVRAGES PUBLIÉS SUR LA SOCIÉTÉ DES NATIONS

OUVRAGES GÉNÉRAUX.

BAKER, Ray Stannard.

Woodrow Wilson and World Settlement, written from his unpublished and personal material. — London, *William Heinemann*, 1923, 3 vol.

Notes nombreuses, surtout bibliographiques. Table des matières : Vol. 1 : Préface et avant-propos ; principales dates de la Conférence de la Paix. Introduction : Sources et documents. Documents du Président Wilson. — Première partie : Les bases de la Conférence de la Paix. — Deuxième partie : L'ancienne et la nouvelle diplomatie. Organisation et procédure. — Troisième partie : La Société des Nations et la paix. — Quatrième partie : La lutte pour la limitation des armements. — Vol. 2 : Cinquième partie : La période critique. La crise française. — Sixième partie : La crise italienne. — Septième partie : La crise japonaise. — Huitième partie : L'organisation économique. — Vol. 3 : (Première à huitième partie comme vol. 1 et 2). — Neuvième partie : L'Allemagne et la Conférence de la Paix.

BASSETT, John Spencer.

The League of Nations. A chapter in world politics. — London, New York, etc., *Longmans, Green & Co*, 1928, 415 p.

L'éminent historien américain donne dans cet ouvrage un aperçu de l'activité de la Société des Nations pendant les sept premières années.

BOURGEOIS, Léon.

L'Œuvre de la Société des Nations (1920-1923). — Paris, *Payot*, 1923, 456 p.

Historique de la Société des Nations au cours des années 1920-1922, dont le but est de permettre à tous ceux qui n'ont pas « l'habitude de feuilleter des documents », de comprendre ce qu'est actuellement l'Organisation internationale, ce qu'elle a déjà fait, ce qu'on peut attendre d'elle, la place que la France y a tenue.

BÜLOW, B. W. VON.

Der Versailler Völkerbund, eine vorläufige Bilanz. — Berlin, *W. Kohlhammer-Verlag*, 1923, 608 p.

Ouvrage critique qui fait l'analyse très détaillée de la constitution, de l'administration et du fonctionnement de la Société des Nations.

BUTLER, Sir Geoffrey Gilbert.

A handbook to the League of Nations, brought down to the end of the 5th Assembly, with an explanation of the Protocol, with an Introduction by the Right Hon. Viscount CECIL OF CHELWOOD, 2nd ed. — London, *Longmans, Green & Co*, 1925, 239 p.

Traité historique et constitutionnel.

FANSHAWE, Maurice.

Reconstruction : Five years of work by the League of Nations. — London, *G. Allen & Unwin*, 1925, 336 p.

Manuel exposant l'origine, la constitution et l'œuvre de la Société des Nations, de l'Organisation internationale du Travail et de la Cour permanente de Justice internationale. — Les annexes comportent une bibliographie.

HARRIS, Henry Wilson.

What the League of Nations is. — London, *G. Allen & Unwin* (1925), 128 p.

Excellent petit volume destiné au grand public.

HOWARD-ELLIS, C.

The origin structure and working of the League of Nations. — London, *George Allen & Unwin*, 1928, 528 p.

Ouvrage général traitant : le développement de l'idée de coopération internationale, l'historique du Pacte, l'organisation de l'Assemblée, du Conseil, du Secrétariat, de l'Organisation internationale du Travail et de la Cour permanente de Justice internationale.

KLÜYVER, Mrs. C. A.

Documents on the League of Nations, with a preface by Dr. C. VAN VOLLENHOVEN. — Leiden, *A. W. Sijthoff's Uitgevessmaatschappig*, 1920, 367 p.

Collection de documents sur l'origine de la Société des Nations, comprenant les débats de la Commission chargée de la préparation du Pacte.

POLLOCK, Sir Frederick.

The League of Nations. — London, *Stevens & Sons*, 1922, 266 p.

Exposé pratique du Pacte de la Société des Nations, avec une introduction suffisante pour permettre au lecteur de comprendre les conditions dans lesquelles la Société des Nations s'est formée et a commencé son travail. — Contient des références bibliographiques.

RAPPARD, William.

International relations as viewed from Geneva. — New Haven, *Yale University Press*, 1925, 288 p.

Série de conférences tenues à « Williamstown Institute of Politics » dont le but est de donner une idée vivante et concrète des activités de la Société des Nations.

RASK-ØRSTEDFONDEN.

Les origines et l'œuvre de la Société des Nations. Publié sous la direction de P. MUNCH. — Copenhague, *Gyldendalske boghandel*, 1923, 2 vol.

Ouvrage très complet où divers auteurs exposent tour à tour le point de vue de leur pays concernant la Société des Nations, tandis que d'autres en expliquent l'organisation et le fonctionnement.

REDSLOB, Robert.

Théorie de la Société des Nations. — Paris, *Rousseau & Cie*, 1927, 349 p.

L'auteur consacre à la Société des Nations et à ses diverses ramifications des développements étendus et un grand intérêt. Il compare la Société des Nations à la Confédération helvétique et à l'Empire britannique tel qu'il est actuellement constitué.

SCHUBERT, Wilhelm F.

Völkerbund und Staatssouveränität. — Berlin, *Carl Heymanns Verlag*, 1929. 128 p.

Ouvrage méthodique sur la théorie de la souveraineté des Etats en droit international moderne et ses relations avec le Pacte de la Société des Nations. Dans cette étude approfondie, l'auteur — qui est membre du Secrétariat de la Société des Nations — arrive à la conclusion qu'une transformation complète de la conception de la souveraineté est devenue nécessaire vu le développement rapide qu'ont pris les relations internationales depuis la fondation de la Société des Nations.

TORRIENTE Y PERAZA, Cosme DE LA.

Actividas de la Liga de las naciones. Prologo de Antonio S. DE BUSTAMANTE. — Habana, *Rambla, Bouza y Co*, 1923, 491 p.

Ouvrage qui résume avec clarté les diverses activités de la Société des Nations.

The League of Nations : a survey, a directory and a who's who. — London, *Europa publications Ltd.*, 1928, 122 p.

Ce guide donne un aperçu sur l'organisation et le personnel de la Société des Nations, de l'Organisation internationale du Travail, de la Cour permanente de Justice internationale et de l'Institut international de Coopération intellectuelle.

LE PACTE ET SON INTERPRÉTATION.

ALVAREZ, Alejandro.

La réforme du Pacte de la Société des Nations sur des bases continentales et régionales : Rapport présenté à la Vme Session de l'Union juridique internationale, juin 1926. — Issoudun, *Imprimerie rapide du Centre*, 1926, 148 p.

Etude du problème de la revision du Pacte sous les différents aspects qu'il comporte, notamment politique et économique. Après la partie critique, l'auteur propose la reconstitution de la Société des Nations sur des bases continentales et préconise une coopération politique et économique entre l'Europe et l'Amérique. Suit un projet d'une association internationale mondiale des Etats.

Deth, Aart van.

Etude sur l'interprétation du paragraphe 8 de l'article 15 du Pacte de la Société des Nations. Thèse. — [Amsterdam], 1928, 147 p.

Etude du paragraphe 8 de l'article 15, en relation avec la solution des conflits selon le Pacte et certains avis de la Cour permanente de Justice internationale.

Lange, Robert.

Vers un gouvernement international ? La Société des Nations et la composition du Conseil. Préface de M. Henry DE JOUVENEL. — Paris, *Au Commerce des Idées*, 1928, 152 p.

Traite : I. Du Pacte de la Société des Nations ; II. De l'évolution historique de la composition du Conseil ; III. Du problème de la composition du Conseil et des solutions adoptées.

Militch, Milenko.

Les attributions communes et les rapports du Conseil et de l'Assemblée. Une étude de la Société des Nations. Préface de Joseph BARTHELEMY. — Paris, *A. Pédone*, 1929, 316 p.

Après une introduction sur la nature juridique de la Société des Nations, l'auteur étudie les relations du Conseil et de l'Assemblée au point de vue de leurs attributions communes, concurrentes, et de leurs rapports généraux.

Miller, David Hunter.

The drafting of the Covenant. With an Introduction by Nicholas MURRAY BUTLER. — New York-London, *G. P. Putnam & Sons*, 1928, 2 vol.

Cet ouvrage traite de l'élaboration du Pacte et contient des documents importants qui marquent les étapes qui ont conduit au texte définitivement adopté. Il donne également les procès-verbaux de la Commission de la Société des Nations à la Conférence de la Paix. Le livre est écrit du point de vue américain.

Philipse, Adrian Hendrik.

Le rôle du Conseil de la Société des Nations dans le règlement pacifique des différends internationaux. — 's-Gravenhage, *Martinus Nijhoff*, 1928 285, p.

Après une analyse de l'organisation du Conseil de la Société des Nations et de son activité en matière de solution de différends internationaux, l'auteur examine : les moyens par lesquels le Conseil peut être saisi d'un différend, les mesures conservatoires qu'il peut prendre, les méthodes selon lesquelles il peut examiner un différend et la solution du différend.

Rousseau, Charles.

La compétence de la Société des Nations dans le règlement des conflits internationaux. — Paris, *Imprimerie administrative centrale*, 1927, 320 p.

Etude de premier ordre sur la nature et l'objet de la compétence de la Société des Nations telle qu'elle est définie par le Pacte et la jurisprudence du Conseil ; l'étendue de cette compétence et la détermination du domaine réservé à la compétence exclusive des Etats ; le mode d'exercice de cette compétence (procédure arbitrale, négociations directes, commission de conciliation, etc.).

SCELLE, Georges.

Le Pacte des Nations et sa liaison avec le Traité de Paix. Préface de M. Léon BOURGEOIS. — Paris, *Sirey*, 1919, 459 p.

Etude détaillée des dispositions du Pacte pour des lecteurs non initiés aux questions de droit international.

SCHÜCKING, Walter.

Die Satzung des Völkerbundes. Kommentiert von Walter SCHÜCKING und Hans WEHBERG, 2me éd. — Berlin, *F. Vahlen*, 1924, 794 p.

Le grand mérite de cet ouvrage est la large place que les auteurs ont faite aux applications pratiques des dispositions du Pacte. — L'œuvre se présente non comme la simple exégèse d'un document juridique, mais comme un tableau vivant de l'organisation constitutionnelle de la Société des Nations. Une nouvelle édition de cet ouvrage de premier ordre est en préparation.

WEHBERG, Hans.

Die Pariser Völkerbundakte nebst den Urkunden über die Pariser Verhandlungen, dem Haager Schiedsgerichtsabkommen, 2me éd. — Berlin, 1919, 175 p.

Etude méthodique et impartiale du Pacte et des essais d'organisation internationale qui l'ont précédé. — Bibliographie des divers projets et textes des contre-projets allemand et autrichien, ainsi que des notes très intéressantes de la délégation allemande.

WEHBERG, Hans.

Die Völkerbundsatzung erläutert unter Berücksichtigung der Verträge von Locarno, des Kriegsächtungspaktes usw. 3. Aufl. — Berlin, *Hensel & Co.* Verlag, 1929.

Cet ouvrage donne au grand public un commentaire succinct et précis du Pacte de la Société des Nations.

WILSON, Florence.

The origins of the League Covenant. Documentary history of its drafting with an introduction by Prof. P. J. Noel BAKER. — London, *Hogarth Press*, 1928, 260 p.

Cet ouvrage retrace l'origine des dispositions variées du Pacte et, donnant les discours prononcés pendant son élaboration, il fournit une interprétation du Pacte par les hommes qui l'élaborèrent. Il a pour base les procès-verbaux et les documents originaux, dont beaucoup se trouvent reproduits.

ARBITRAGE ET DÉSARMEMENT.

BAKER, Philip Noel.

Disarmament. — London, *Hogarth Press*, 1926, 352 p.

Etude de l'importance du problème du désarmement dans la politique nationale et internationale actuelle.

BAKER, Philip Noel.

The Geneva Protocol for the pacific settlement of international disputes. — London, *P. S. King & Son*, 1925, 228 p.

Analyse détaillée des dispositions du Protocole. — Exposé objectif et impartial. — Le *American Journal of International Law*, vol. XIX, p. 829, le commente dans les termes suivants [traduction] : « L'auteur de ce livre est professeur de relations internationales à l'Université de Londres et son livre est un exemple de plus de la divergence fondamentale qui semble exister entre l'attitude de l'Europe et l'attitude de l'Amérique à l'égard de la question la plus importante d'aujourd'hui dans le domaine des relations internationales. Oeuvre de science et d'enseignement, ce livre s'efforce de répondre sans parti-pris à une foule de questions, petites ou grandes, relatives au sens du Proto-cole de Genève et à son interprétation probable, s'il entre jamais en vigueur. »

NIEMEYER, Th.

Handbuch der Abrüstungsprobleme. Herausgegeben im Auftrage des deutschen Studienausschusses für Fragen der Friedenssicherung. — Berlin-Grünewald, *W. Rothschild*, 1928, 3 vol.

Cet ouvrage est une étude très détaillée de la question du désarmement faite par un Comité spécial de la Société allemande de droit international.

JOUHAUX, Léon.

Le désarmement. Préface de PAUL-BONCOUR. — Paris, *F. Alcan*, 1927, 215 p.

Livre écrit avant l'échec de la Conférence navale. La première partie relate les discussions qui se sont produites et l'évolution du problème jusqu'en 1925. L'ouvrage expose la politique française et anglaise et leur divergence et commente les Accords de Locarno.

KNUDSON, J. I.

Methods of international Legislation. With special reference to the League of Nations. — Genève, *Imprimerie Jent*, 1928.

Analyse à fond les méthodes de législation internationale et des changements qu'a apportés en cette matière la Société des Nations.

LAVALLAZ, M. DE

Essai sur le désarmement et le Pacte de la Société des Nations. Préface de M. A. ROUGIER. — Paris, *Rousseau & C¹ᵉ*, 1925, 506 p.

Tableau historique et critique de la question du désarmement depuis ses origines jusqu'à son dernier « état de droit », l'article 8 du Pacte de la Société des Nations.

MADARIAGA, Salvador DE.

Disarmament. — Oxford, *University Press* ; London, *Humphrey Milford*, 1929, 317 p.

L'ancien directeur de la Section du désarmement du Secrétariat de la Société des Nations examine la question du désarmement comme elle se pose actuellement au point de vue politique et technique. Cet ouvrage donne une description vivante et remarquable de l'activité de la Société des Nations dans ce domaine.

Miller, David Hunter.

The Geneva Protocol. — New York, *Macmillan Company*, 1925, 279 p.

L'auteur qui faisait partie de la délégation américaine de 1919 comme expert juriste approuve dans ses conclusions le principe de l'arbitrage obligatoire, mais rejette l'obligation imposée aux Etats d'intervenir contre l'agresseur. Outre les textes du Pacte et du Protocole, l'ouvrage contient les documents de la V° Assemblée se rapportant au Protocole.

Remond, Pierre.

Le règlement pacifique des conflits internationaux par la Société des Nations (1920-1926). — Paris, *Editions de la « Revue Mondiale »*, 1927, 236 p.

Aperçu du fonctionnement de la Société des Nations pour le règlement pacifique des conflits internationaux. — Ire Partie : Organisations, procédure, etc. — IIe Partie : Exposé sommaire des différents conflits que la Société des Nations a eu à résoudre. — IIIe Partie : Etude du Protocole de Genève et des Accords de Locarno.

Wehberg, Hans.

Das Genfer Protokoll betreffend die friedliche Erledigung internationaler Streitigkeiten. — Berlin, *Georg Stilke*, 1927, 189 p.

Analyse critique très approfondie du Protocole, précédée d'un court aperçu historique.

Wehberg, Hans.

Die internationale Beschränkung der Rüstungen. — Stuttgart und Berlin, *Deutsche Verlagsanstalt*, 1919, 463 p.

Historique détaillé de la question du désarmement. — Examen de la situation actuelle.

QUESTIONS POLITIQUES.

La Sturel, Pierre.

L'affaire gréco-italienne de 1923. Etude critique avec des documents inédits. — Paris, *l'Ile de France*, 1925, 190 p.

Exposé critique des faits et de l'enquête.

Lowell, A. Lawrence.

The Corfu crisis. The Council of the League of Nations and Corfu. How the League of Nations met the Corfu crisis, by Manley O. Hudson ; documents. — Boston, *World Peace Foundation*, 1923, 210 p.

Bref exposé de l'origine de la dispute, la nature des mesures prises et les conclusions qu'il en faut tirer.

Nicoglou, Stephen Ph.

L'affaire de Corfou et la Société des Nations. Préface de M. Georges Scelle. — Dijon, *F. Rey*, 1925, 112 p.

Analyse des faits. Examen de la compétence de la Société des Nations.

Philippe, Albert.

Le rôle de la Société des Nations dans l'affaire de Corfou. — Lille, *C. Robbe*, 1924, 148 p.

Bref exposé des faits. — Etude de l'incident du point de vue juridique et politique. — Bibliographie.

Visscher, Fernand.

La question des Iles d'Aland. — Bruxelles, *M. Weissenbruch*, 1921. (Extrait de la *Revue de droit international et de législation comparée*, pp. 243-284.)

Etude juridique de la façon dont la Société des Nations a résolu la question.

DANTZIG.

Amtliche Urkunden zum Vertrage zwischen der Freien Stadt Danzig und der Republik Polen vom November 1920. Zusammengestellt und herausgegeben vom Senat der Freien Stadt Danzig. — Dantzig, *A. W. Kafemann*, 1920, 249 p.

Documents officiels.

Askenazy, Simon.

Dantzig et la Pologne. — Paris, *Alcan*, 1919, 209 p.

Historique du développement de Dantzig jusqu'au Traité de Versailles.

Entscheidungen des Hohen Kommissars des Völkerbundes in der Freien Stadt Danzig. 1921. — Dantzig, *A. W. Kafemann*, 1922, 77 p.

Publications officielles du Sénat où l'on trouve développé le point de vue de la Société des Nations.

Levesque, Geneviève.

La situation internationale de Dantzig. — Paris, *A. Pedone*, 1924, 178 p.

Thèse de doctorat qui développe le point de vue français correspondant au point de vue polonais.

Loening, Otto.

Die rechtlichen Grundlagen der Freien Stadt Danzig. — Dantzig, *A. W. Kafemann*, 1920.

Ouvrage exposant la thèse allemande vue par un juriste.

SARRE.

Bisschof, Willem Rossegarde.

The Saar controversy. — London, *Sweet & Maxwell*, 1924, 186 p. (The Grotius Society publications, No. 2.)

Aperçu historique et économique de la Sarre. Analyse des dispositions du Traité de Versailles. — M. Bisschof conteste le droit de la France à la possession des mines de charbon de la Sarre et critique l'influence française au sein de la Commission de gouvernement et met en relief les inconvénients résultant de l'occupation et de la gestion d'un territoire allemand par un organisme international.

COURSIER, Henri.

Le statut international du Territoire de la Sarre. — Nemours, *A. Lesot*, 1925, 150 p.

Exposé détaillé des conditions existant dans la Sarre du point de vue français. — Bonne bibliographie.

PRION, Jean.

Le Territoire de la Sarre, Etudes politique et économique. 2me édition revue et corrigée. — Nancy, *Berger-Levrault*, 1923, 223 p.

Livre basé sur plusieurs enquêtes, rédigé avec un remarquable soin d'exactitude et de clarté. — Son but est d'exposer en détail l'organisation du Territoire de la Sarre. — Excellente bibliographie.

RUSSELL, Frank.

The International Government of the Saar. — Berkeley, California, *University of California Press*, 1926, 249 p.

Volume consacré au côté politique et non au côté juridique de la question.

Das Saargebiet unter der Herrschaft des Waffenstillstandsabkommens und des Vertrags von Versailles. — Berlin, *G. Stilke*, 1921, 362 p. (Weissbuch der deutschen Regierung.)

Etude qui expose le point de vue allemand en se fondant sur les documents officiels de 1919 à 1921. Avec des notes.

WEHBERG, Hans.

Die Staats- und völkerrechtliche Stellung des Saargebiets. — *Staatsbürger-Bibliothek*, Heft 116, München-Gladbach, 1924, 55 p.

Bref exposé de la situation juridique et constitutionnelle du Bassin de la Sarre.

MINORITÉS.

BALOGH, Arthur VON.

Der internationale Schutz der Minderheiten. — München, *Südost-Verlag Adolf Dresler*, 1928, 295 p.

Etude juridique sur la situation internationale et nationale des minorités. Historique ; source du droit des minorités ; les droits que les minorités ont actuellement ; protection et garantie de ces droits.

FOUQUES-DUPARC, Jacques.

La protection des minorités de race, de langue et de religion. Etude de droit des gens. Préface de M. A. DE LAPRADELLE. — Paris, *Dalloz*, 1922, 369 p.

Le premier ouvrage de fond qui traite du problème des minorités d'après-guerre. Trois chapitres : I. Le problème ; II. Les minorités dans l'histoire ;

III. Analyse des stipulations des traités de minorité. Données statistiques et bibliographiques. — Excellent ouvrage que l'auteur complète au fur et à mesure. *(Revue de droit international et de législation comparée, 1923, 1924-1926.)*

KRAUS, Herbert.

Das Recht der Minderheiten. Materialen zur Einführung in das Verständnis des modernen Minoritätsproblems ; zusammengestellt und mit Anmerkungen versehen, — Berlin, *G. Stilke*, 1927, 365 p.

Collection de documents accompagnés de notes détaillées. Ouvrage de premier ordre, exact, complet et bien ordonné. Introduction claire et instructive. — Index détaillé par documents et sujets.

LUCIEN-BRUN, Jean.

Le problème des minorités devant le droit international. — Paris, *Ed. Spes*, 1923, 230 p.

Ouvrage d'ensemble qui dénote une connaissance approfondie des faits et des problèmes. Se compose de deux parties : I. Historique : minorités chrétiennes en pays non chrétiens, la théorie et la pratique des interventions précédentes ; II. Juridique et politique : situation actuelle.

MANDELSTAM, André.

La protection des minorités. — Paris, *Hachette*, 1925, 153 p.

Ouvrage-type des problèmes des minorités.— Partie historique : interventions dans l'Empire ottoman. — Historique des traités des minorités ; analyses de leurs dispositions, des garanties et de la procédure.

MONFOSCA, Enrico Aci.

Le Minoranze nazionali contemplate dagli Atti internazionali. — Firenze, *Vallecchi*, editore, 1929, 2 vol.

Etude très détaillée (avec des statistiques et de nombreuses cartes ethnographiques) traitant de la condition des minorités dans les Etats dont les minorités sont soumises à un régime spécial en vertu des traités de paix. A chaque volume sont annexés les textes des traités internationaux et des lois nationales les plus importantes ayant rapport au traitement des minorités.

ROBINSON, Jacob.

Das Minoritätenproblem und seine Literatur. Kritische Einführung in die Quellen und die Literatur der europäischen Nationalitätenfrage der Nachkriegszeit, unter besonderer Berücksichtigung des völkerrechtlichen Minderheitenschutzes. *(Institut für ausländisches öffentliches Recht und Völkerrecht. Beiträge zum ausl. öffentl. Recht u. Völkerrecht, Heft 6.)*

Bibliographie comprenant une littérature abondante sur le problème des minorités. — Inclus : livres, périodiques et articles de revues en plusieurs langues. L'ouvrage est divisé en : I. Généralités ; II. Ouvrages d'ensemble ; III. Etat et nation (avec une annexe sur l'U. R. S. S.) ; IV. La protection internationale des minorités.

RUYSSEN, Théodore.

Les minorités nationales d'Europe et la guerre mondiale. — Paris, *Presses universitaires de France*, 1923, 421 p.

Cet ouvrage, commencé pendant la guerre, s'occupe plus des problèmes territoriaux et nationaux s'y rapportant que des questions minoritaires ; néanmoins, il donne d'excellentes informations sur les peuples minoritaires en général. Son chapitre IV concerne plus spécialement le droit des minorités en vigueur et récapitule quelques propositions d'amélioration *(lege ferenda)*.

MANDATS.

FERRI, Carlo Emilio.

La teoria dei mandati internazionali (i rapporti fiduciari nel Trattato di Versailles). — Torino, *Fratelli Bocca*, 1927, 407 p.

Analyse détaillée du système mandataire du point de vue du droit international. — Bibliographie commentée.

FRANCESCO, G. M. DE

La natura giuridica dei mandati internazionali. — Pavia, *Tipografia co-operative*, 1926, 130 p.

Etude juridique de l'article 22 du Pacte et de son application.

FURUKAKI, P. T.

Les mandats internationaux de la Société des Nations. — Lyon, *Paul Phily*, 1923, 230 p.

Commentaire général sur le système des mandats.

MILLOT, Albert.

Les mandats internationaux. Etude sur l'application de l'article 22 du Pacte de la Société des Nations. Préface de M. A. BASDEVANT. — Paris, *E. Larose*, 1924, 255 p.

Ouvrage s'attachant au côté juridique et administratif plutôt qu'au côté politique du problème. — Exposé clair, méthodique et détaillé.

OLIVI, Augusto.

L'istituto del mandato e i mandati nella Società delle Nazione (saggio di diritto internazionale). — Modena, *G. Gerraguti*, 1925, 140 p.

Le but de cet ouvrage est de préciser les caractères du contrat de mandat en droit interne et en droit externe. Ensuite, l'auteur établit ce qu'est la Société des Nations comme être juridique. Il termine en exposant successivement les caractères distinctifs des trois espèces de mandats (A, B, C).

PALACIOS, Leopoldo.

Los mandatos internacionales de la Sociedad de Naciones. — Madrid, *Libreria general de Victoriano Suarez*, 1928, 303 p.

Après une étude concise sur l'histoire des territoires sous mandats depuis leur colonisation et leur rôle pendant la Grande Guerre, l'auteur s'étend plus spécialement sur la création de l'institution des mandats à la Conférence de la Paix, sur leur organisation définitive, et sur le fonctionnement de la Commission permanente des mandats.

REES, Daniel François Willem VAN.

Les Mandats internationaux. Le contrôle international de l'administration mandataire. — Paris, *Rousseau & C^le*, 1927, 145 p.

Exposé, d'après les textes et la jurisprudence, de la nature et de l'étendue du contrôle confié à la Société des Nations. — Analyse du rôle, de l'organisation et du fonctionnement de la Commission des mandats. — Ouvrage de grande valeur documentaire.

REES, Daniel François Willem VAN.

Les Mandats internationaux. Les principes généraux du régime des mandats. Paris, *Rousseau & C^le*, 1928, 259 p.

Le vice-président de la Commission permanente des mandats analyse dans cet ouvrage de fond les principes généraux du régime des mandats, à l'exclusion des relations entre les Puissances mandataires et la Société des Nations qui ont fait l'objet d'une étude précédente. Ce livre est divisé en deux parties : 1. La personnalité internationale des territoires sous mandats ; 2. Les principes généraux de l'administration mandataire : étendue du pouvoir d'administration du Mandataire, obligations du Mandataire profitant aux tierces Puissances, obligations du Mandataire résultant de sa mission tutélaire.

ROLIN, H.

La pratique des Mandats internationaux. — Paris, *Librairie Hachette*, 1929. (Académie de droit international. Recueil des cours 1927, T. 19, pp. 493-624.)

Cette étude retrace les points principaux de l'expérience de sept ans d'administration des territoires sous mandats : autorité du Mandataire, garanties prévues en faveur des indigènes, principe de désintéressement et séparation des patrimoines.

STOYANOVSKY, J.

La théorie générale des mandats internationaux. — Paris, *Presses universitaires de France*, 1925, 251 p.

Analyse juridique très complète.

WHITE, Freda.

Mandates. Foreword by Sir Frederick LUGARD, published under the auspices of the League of Nations Union. — London, *J. Cape*, 1926, 196 p.

Introduction à la question des mandats. — Ouvrage destiné au grand public.

RÉFUGIÉS.

HADZOPOULOS, Angelos.

Die Flüchtlingsfrage in Griechenland. — Athen, *P. D. Salkellerias*, 1927, 150 p.

Étude sur la question des réfugiés grecs d'Asie Mineure à Athènes.

QUESTIONS ÉCONOMIQUES ET DU TRANSIT.

BOUSQUEST, P. H.

La restauration monétaire et financière de l'Autriche. — Paris, *Rivière*, 1927, 155 p.

Description de l'œuvre entreprise par la Société des Nations.

CHAUVE-BERTRAND.

La question du calendrier. — Paris, *La Renaissance du Livre*, 1920, 188 p.

Historique des origines du calendrier et des mouvements de réforme. Examen synthétique des projets.

HANTOS, Elemér.

Die Weltwirtschafts-Konferenz. Probleme und Ergebnisse. — Leipzig, *Glockener Verlagsbuchhandlung*, 1928, 205 p.

Étude systématique des résultats de la Conférence économique. — Bonne bibliographie.

JENT, Viktor.

Die handelspolitischen Bestrebungen des Völkerbundes. — Zurich, *A. Gutzwiller A. G.*, 1926, 109 p.

Exposé analytique et objectif de l'œuvre économique de la Société des Nations.

MITZAKIS, Michel.

Le relèvement financier de la Hongrie et la Société des Nations. Avec une préface de M. Geouffre DE LAPRADELLE et une lettre de S. Exc. le baron Frédéric DE KORÁNYI. — Paris, *Presses universitaires de France*, 1926, 418 p.

PILAVACHI, Aristoclès C.

La politique douanière des principaux Etats européens et celle de la Société des Nations. — Paris, *R. Guillon*, 1928, 419 p.

Etude de la politique douanière depuis la guerre. — Nécessité de poser la question du point de vue international. — Le rôle joué par la Société des Nations.

RAIKOVITCH, Slavko.

Le régime international des voies ferrées et la Société des Nations. — Paris, *E. Sagot & Cie*, 1925, 204 p.

Régime juridique des transports internationaux par chemin de fer avant la Société des Nations. — Œuvre de la Société des Nations. — Nouveau statut international.

The Economic consequences of the League. The World Economic Conference, with an Introduction by Sir Arthur SALTER and articles by Roland W. BOYDEN, M. COLIJN, J. DVORÁČEK, etc. — London, *Europa Publishing Go*, 1927, 285 p.

Série d'articles par les membres principaux de la Conférence économique et de la Section économique du Secrétariat, analysant le but et les résultats de la Conférence.

QUESTIONS SOCIALES.

BEYER, Rolande.

Un aspect de l'activité sociale de la Société des Nations : la traite des femmes. — Montpellier, *E. Montane*, 1926, 151 p.

Volume divisé en trois parties : I. Aspect actuel de la traite des femmes ; II. Historique de la campagne internationale ; III. L'œuvre de la Société des Nations. — Etude de la Convention de 1921. — Résultats obtenus. — Bibliographie.

GAVIT, John Palmer.

« Opium ». With an introductory Note for American readers. — New-York, *Brentano*, 1927, 308 p.

Excellent volume pour servir d'introduction à l'étude de la question de l'opium.

HOIJER, Olof.

Le trafic de l'opium et d'autres stupéfiants. Etude de droit international et d'histoire diplomatique. — Paris, *Ed. Spes*, 1925, 306 p.

Etude juridique de la question de l'opium.

LA MOTTE, Ellen N.

The ethics of Opium. — New York and London, *Century Co*, 1924, 205 p.

Ouvrage destiné au grand public. Montre la production et la consommation de l'opium dans les différents pays.

LIAIS, Michel.

La question des stupéfiants manufacturés et l'œuvre de la Société des Nations. Lettre-préface de M. SIBERT. — Paris, *Sirey*, 1928, 208 p.

Etude juridique contenant la législation des différents pays. — Bonne bibliographie.

WILLOUGHBY, Westel Woodbury.

Opium as an international problem. The Geneva Conference. — Baltimore, *Johns Hopkins Press*, 1925.

Historique complet de la lutte contre l'opium en tant qu'objet du droit international.

ZENDER, Justin.

La question de l'opium. — Genève, *Imprimerie Jent*, 1929, 283 p.

Après une introduction détaillée sur l'opium et ses effets, l'auteur étudie la question de l'opium au point de vue statistique ainsi que les conventions internationales qui ont essayé de résoudre ce problème.

HYGIÈNE.

HUTT, C. W.

International Hygiene. — London, *Methuen & Co*, 1927, 261 p.

Cet ouvrage qui étudie les problèmes de l'hygiène du point de vue international, consacre plusieurs chapitres aux questions de l'hygiène industrielle dont s'occupe le Bureau international du Travail ainsi qu'à l'œuvre de la Société des Nations en matière d'hygiène publique.

LACAISSE, René.

L'hygiène internationale et la Société des Nations. — Paris, *Mouvement sanitaire*, 1926, 231 p.

LACAISSE, René.

La Société des Nations et la politique sanitaire internationale. — Lille, *Douviez-Bataille*, 1925, 227 p.

Histoire de la politique sanitaire internationale et le rôle joué par la Société des Nations dans son développement. — Bibliographie.

COUR PERMANENTE DE JUSTICE INTERNATIONALE.

BUSTAMANTE Y SIRVEN, Antonio Sanchez.

La Cour permanente de Justice internationale. — Traduit de l'espagnol par Paul GOULÉ. — Paris, *Recueil Sirey*, 1925, 367 p.

Ouvrage qui est appelé à prendre le premier rang dans l'abondante littérature juridique sur la Cour permanente de Justice internationale. Membre de la Cour, l'auteur apporte une expérience personnelle précieuse. Son exposé traite : des origines de l'idée d'un pouvoir judiciaire mondial, de l'organisation de la Cour, du personnel de la Cour, de son organisation, de sa vie économique, de sa compétence, de sa double juridiction, de sa procédure et de ses sanctions et arrêts.

FACHIRI, P.

The Permanent Court of International Justice, its constitution, procedure and work. — London, *H. Milford*, 1925, 342 p.

Traite successivement la création de la Cour, son organisation, sa juridiction et procédure, son travail. — Les documents, Statut, règlement, etc., sont reproduits dans un supplément.

FRANCQUEVILLE, Bernard DE.

L'œuvre de la Cour permanente de Justice internationale. Avec une préface de A. DE LAPRADELLE. — Paris, *Les Editions Internationales*, 1928, 2 vol.

Après avoir brièvement rappelé les étapes de la justice internationale et les traits fondamentaux de l'organisation de la Cour, l'auteur en groupe les décisions par catégories de sujets : régime international du travail ; questions de nationalité et de minorité ; droit pénal international ; etc.

Hudson, Manley Ottmer.

The Permanent Court of International Justice and the Question of american Participation. With a collection of documents. — *Cambridge-Harvard University Press*, 1925, 389 p.

Ouvrage de grande qualité.

Magyary, Géza von.

Die internationale Schiedsgerichtsbarkeit im Völkerbund. — Berlin, *Otto Liebmann*, 1922, 176 p.

Après une brève introduction sur les moyens prévus par le Pacte de la Société des Nations pour aplanir les conflits internationaux, l'auteur s'étend plus particulièrement sur l'organisation et la compétence de la Cour permanente de Justice internationale.

Mandere, H. Ch. G., van.

Het permanente Hof van internationale Justicie s'Gravenhage (Art. 13-15 van het statuut van den Volkenbond) historisch-critische schets van arbitrage en rechtspraak in internationale geschillen. — Leiden, *A. W. Sijthoff*, 1922, 328 p.

Un des premiers manuels sur la Cour permanente de Justice internationale, scientifique et pratique en même temps. — Exposé remarquable des travaux de la Conférence de la Paix de 1899, de même de la question de l'arbitrage à la Conférence de 1907. — Chapitres intéressants sur la formation de la Cour permanente de Justice internationale de La Haye.

Philipse, A. H.

Les fonctions consultatives de la Cour permanente de Justice internationale. — Lausanne, Genève, etc., 1928, 72 p.

Aperçu des fonctions consultatives de la Cour traitant : 1° de la collaboration entre la Cour et le Conseil ou l'Assemblée de la Société des Nations ; 2° du développement de la procédure consultative depuis l'établissement de la Cour.

ORGANISATION INTERNATIONALE DU TRAVAIL.

Barnes, George Nicoll.

History of the International Labour Office. Preface by Emile Vandervelde — London, *Williams & Norgate*, 1926, 106 p.

Exposé clair, concis et optimiste de l'origine, de la constitution et de l'œuvre de l'Organisation internationale du Travail.

Behrens, E. Beddington.

The International Office (League of Nations). A survey of certain problems of international administration. Foreword by Harold J. Laski. — London, *L. Parsons*, 1924, 220 p.

Ouvrage passant en revue l'organisation intérieure du Bureau international du Travail, sa situation financière, la préparation et la procédure des Conférences, le fonctionnement des Commissions internationales, le rôle joué par le Bureau international du Travail comme centre de recherches scientifiques.

FEHLINGER, H.

Internationale Sozialpolitik. Die internationale Arbeitsorganisation und ihre Ergebnisse. — Berlin, *Verlagsgesellschaft des Allgemeinen Deutschen Gewerkschaftsbundes*, 1924, 211 p.

Tableau clair et accessible au lecteur peu initié au développement actuel de l'Organisation, de son œuvre, de sa portée et de ses perspectives d'avenir.

GODART, Justin.

Les clauses du travail dans le Traité de Versailles (28 juin 1919). Les décisions de la Conférence de Washington (novembre 1919). — Paris, 1920, 230 p.

Analyse de la partie XIII du Traité de Versailles. — Exposé surtout historique.

GUERREAU, M.

Une nouvelle institution du droit des gens : l'Organisation permanente du Travail. — Paris, 1923, 690 p.

L'origine de l'idée d'une Organisation internationale du Travail. Sa réalisation d'après les traités de paix. Son œuvre. — Etude surtout juridique accompagnée de nombreux textes et documents.

JOHNSTON, George Alexander.

International social progress. The work of the International Labour Organisation of the League of Nations. — London, *G. Allen & Unwin*, 1924, 263 p.

Vue d'ensemble des origines, de la constitution et de l'œuvre accomplie par l'Organisation internationale du Travail.

JOUHAUX, Léon.

L'Organisation internationale du Travail. — Paris, 1921, 109 p.

Exposé de l'origine et des débats de l'Organisation internationale du Travail.

Labour as an international Problem. A series of essays comprising a short history of the International Labour Organisation and a review of general industrial problems. By G. N. BARNES, Arthur FONTAINE, Dr. SHOTWELL, Emile VANDERVELDE, Minoru OKA, Albert THOMAS, W. A. APPLETON, H. B. BUTLER, Sophy SANGER, E. John SOLANO. — London, 1920, 345 p.

Ouvrage ayant pour but d'expliquer l'organisation, le rôle, le fonctionnement, l'activité du Bureau international du Travail.

MAHAIM, Ernest.

L'Organisation permanente du Travail (Académie du droit international établie avec le concours de la dotation Carnegie pour la paix internationale). — Paris, *Hachette*, 1923, 155 p.

Exposé très complet, non seulement de la constitution et du fonctionnement de l'Organisation internationale du Travail, mais aussi des problèmes présents et futurs, qui se posent devant elle. — Bibliographie.

FEHLINGER, H.

International Sozialpolitik. Die internationale Arbeitsorganisation und ihre Ergebnisse. — Berlin, Verlagsgesellschaft des Allgemeinen Deutschen Gewerkschaftsbundes, 1924, 211 p.

Tableau clair et accessible au lecteur peu initié au développement actuel de l'Organisation, de son œuvre, de sa portée et de ses perspectives d'avenir.

GODART, Justin.

Les clauses du travail dans le Traité de Versailles (28 juin 1919). Les décisions de la Conférence de Washington (novembre 1919). — Paris, 1920, 230 p.

Analyse de la partie XIII du Traité de Versailles. — Exposé surtout historique.

GUERREAU, M.

Une nouvelle institution du droit des gens : l'Organisation permanente du Travail. — Paris, 1923, 690 p.

L'origine de l'idée d'une Organisation internationale du Travail. Sa réalisation d'après les traités de paix. Son œuvre. — Étude surtout juridique accompagnée de nombreux textes et documents.

JOHNSTON, George Alexander.

International social progress. The work of the International Labour Organisation of the League of Nations. — London, G. Allen & Unwin, 1924, 253 p.

Vue d'ensemble des origines, de la constitution et de l'œuvre accomplie par l'Organisation internationale du Travail.

JOUHAUX, Léon.

L'Organisation internationale du Travail. — Paris, 1921, 100 p.

Exposé de l'origine et des débats de l'Organisation internationale du Travail.

Labour as an international Problem. A series of essays comprising a short history of the International Labour Organisation and a review of general industrial problems. By G. N. Barnes, Arthur Fontaine, Dr. Szorvald, Emile Vandervelde, Minoru Oka, Albert Thomas, W. A. Appleton, H. B. Butler, Sophy Sanger, E. John Solano. — London, 1920, 345 p.

Ouvrage ayant pour but d'expliquer l'organisation, le rôle, le fonctionnement, l'activité du Bureau international du Travail.

MAHAIM, Ernest.

L'Organisation permanente du Travail (Académie du droit international établie avec le concours de la dotation Carnegie pour la paix internationale). — Paris, Hachette, 1923, 155 p.

Exposé très complet, non seulement de la constitution et du fonctionnement de l'Organisation internationale du Travail, mais aussi des problèmes présents et futurs, qui se posent devant elle. — Bibliographie.